U0909905

我的财富解答书

专属于财富的答案

马晋 著（绘）

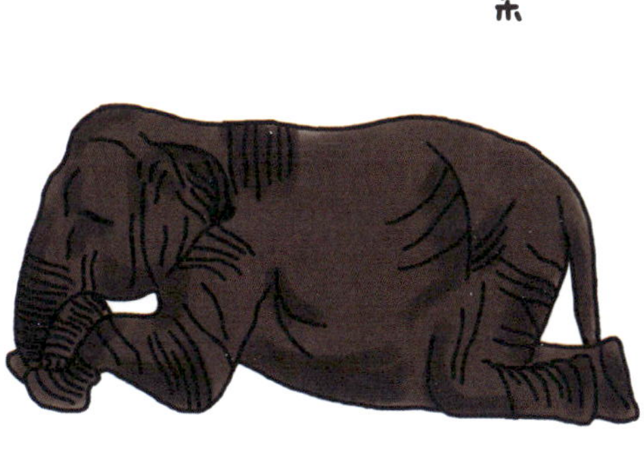

中国财富出版社

图书在版编目（CIP）数据

我的财富解答书：专属于财富的答案 / 马晋著、绘 . —北京：中国财富出版社，2019.12

ISBN 978-7-5047-7024-0

Ⅰ . ①我…　Ⅱ . ①马…　Ⅲ . ①投资—基本知识　Ⅳ . ① F830.59

中国版本图书馆 CIP 数据核字（2019）第 268884 号

策划编辑 郭　莹　**责任编辑** 张冬梅　郭　莹　**特约编辑** 李豆豆
责任印制 梁　凡　**责任校对** 卓闪闪　**责任发行** 张红燕

出版发行 中国财富出版社
社　　址 北京市丰台区南四环西路 188 号 5 区 20 楼　**邮政编码** 100070
电　　话 010-52227588 转 2098（发行部）　010-52227588 转 321（总编室）
010-52227588 转 100（读者服务部）　010-52227588 转 305（质检部）
网　　址 http://www.cfpress.com.cn
经　　销 新华书店
印　　刷 北京京都六环印刷厂
书　　号 ISBN 978-7-5047-7024-0/F · 3113
开　　本 880mm×1230mm　1/32　**版　　次** 2020 年 2 月第 1 版
印　　张 6.125　**印　　次** 2020 年 2 月第 1 次印刷
字　　数 99 千字　**定　　价** 59.00 元

作者简介

马晋

弘基集团总裁
恒源信托董事
香港及内地多家财经媒体特约评论员
新加坡财商联合会主席
CFP（Certified Financial Planner，注册金融理财师）导师
CWMA（Certified Wealth Management Advisor，国际认证财富管理师）导师
SFG（Chartered Wealth Management Institute，特许财务策划师）导师
全球多所重点高校EMBA（Executive Master of Business Administration，高级管理人员工商管理硕士）特聘教授
代表作：《无忧人生理财秘籍》系列丛书

曾在国内某知名券商、新加坡顶级投资银行担任基金经理，任职期间所管理基金均取得良好收益。

目前助力高净值投资者全球资产配置及全球财商教育，为数十家上市公司担任投融资顾问，提供市值管理。投融资思维具有战略性、敏锐性、国际性、前瞻性的特点，金融投资经验丰富。

实战能力优秀，带领团队管理资产达上百亿美元，曾于两年内创造了高达731.8%的基金净值增长率。

财商教育践行的传播者，具备扎实的经济学理论功底，每年在全球举办超过200场公开演讲，成立"晋善晋美"弟子班，获得国内外人士一致好评！

此外，热心投入公益事业，成立马晋基金会。关心、支持贫困地区学生财商教育，助其拓展国际视野、提高素质和能力、实现脱贫致富和持续发展、改变人生！

如何使用《我的财富解答书》

1. 将本书拿在手里或放在桌子上，脑海中想着自己要问的问题。
2. 将一只手放在封面上，并在书的四周来回移动。
3. 当你感受到答案降临，请直接翻开，那一页将是给你的答案。

每问一个问题都要比照此流程。
越是经常使用本书，
越能培养与它的默契。
来吧！
让我们一起期待关于我们财富问题的最优解答。

jìn yǔ

晋语

投资的重要原则：

1. 不能买贵。

2. 不冲动做决定。

3. 去想想这个公司生意如何，

门槛有多高，业务稳定性如何，

是否会被取代；

你自己喜欢这个公司的产品和服务吗；

公司负债率高吗，

历史上股东回报率如何；

公司管理是否稳定，

公司管理和股东利益是否一致；

同行的评价如何，

是否说过谎言和大话。

jìn yǔ

晋语

如果人生是一场旅行，

金钱就是工具，

财策是使用工具的方法。

如果你没有掌握方法，

千万不要用场外配资炒股，

千万不要用应急资金炒股，

千万不要挪用公款炒股，

千万远离一切p2p等融资，

千万不要碰任何虚拟数字货币；

千万记得，

提前规划养老、子女教育风险保障。

jìn yǔ
晋语

睡了吗?
因为没有“睡后收入”,
所以我不敢睡觉。
如果你没有找到一个当你睡觉时
还能赚钱的方法,
你将一直工作到死。

jìn yǔ
晋语

不要因恐慌而全部贱价抛出股票。
如果你在股市暴跌中绝望地卖出股票，
那么你的卖出价格往往会非常之低。
对持有的好公司股票要有坚持下去的勇气，
要敢于低价买入好公司的股票。
暴跌是赚大钱的最好机会，
巨大的财富，
往往就是在这种股市大跌中才有机会赚到。

jìn yǔ
晋语

曾有人问喜饶嘉措大师：
“佛教说人有轮回，
怎样才能让人相信呢？”

大师反问：
“今天你能看见明天的太阳吗？”
“看不见。”
大师又问：
“那你相信明天会有太阳吗？”
“我明白了！”

人生总是，先相信，后看见。
人只有相信价值投资，
才能遇见财富自由。

jìn yǔ
晋语

我们最好的东西，
不是昨天的辉煌，
也不是明天的希望，
而是当下拥有的一切。

jìn yǔ
晋语

交一帮志同道合有正能量的朋友，
建一个有品质的圈子，
做一份爱心事业，
与爱你的人和你爱的人一起快乐地生活，
相知相惜，互帮互助，
为共同的目标携手奋进。
为做一个有价值的人、
一个受尊敬的人、
一个幸福的人，
而不懈地努力。
一起踏着春天的暖阳，
奔跑在梦想的路上。

jìn yǔ
晋语

勤奋、有礼貌，
善良、有孝心，
乐观、知恩图报，
不贪小便宜，
乃立世之根本。
人生不仅要积极乐观，
还要善于克服负面情绪，
与人为善，与人为伴，
乐于助人，不图回报，
成功之路就在眼前。
要做到不骄不馁，
未来的路，
还要靠自己，
踏踏实实、一步一个脚印地走。
毕竟人生还是凭实力说话，
充实自己才能战胜对手。
永远不被琐事烦恼羁绊，
那么迎接你的将会是，
一片艳阳天。
非淡泊无以明志，
非宁静无以致远。

jìn yǔ
晋语

人们对于没有看见的东西、
没有到手的东西，
总是怀疑，
总想让别人拿出结果来看，
价值投资是一种信仰。

jìn yǔ

晋语

努力的最大意义，

是让自己随时有能力跳出自己厌恶的圈子。

jìn yǔ

晋语

一个人的财富自由需要经历三个阶段，

而这三个阶段中最重要的便是第一阶段的“学习”。

如果当初我没有坚持学习投资理念，

提高我的财商，

那么我便不会拥有如今的财富。

第一阶段：攒钱+学习；

第二阶段：资本赚钱+规避风险；

第三阶段：资产增值+社会价值。

jìn yǔ
晋语

攒钱是我们为财富自由积累的第一桶金，
是我们未来财富自由的基石。
而学习却是终身的，
它能让我们的第一桶金产生裂变，
快速并且稳健地实现财富暴涨。
我们会随着学习的深入，
而渐渐熟悉工具，
懂得怎样运用工具，
了解工具的特性和规律。

jìn yǔ
晋语

投资从来都不是一蹴而就的冲刺跑，
投资是和时间赛跑，
和自己赛跑，
要做时间的朋友。
投资是一种信仰，
真正投资的道路并不拥挤，
因为一直都是单行道。

jìn yǔ
晋语

打工，根本不叫赚钱，
叫出卖劳动力，
也根本赚不到钱。
赚钱进而实现财务自由，
有且只有两个条件：
第一，有钱；
第二，有驾驭资本的能力。
无论是第一个还是第二个条件，
都需要时间的沉淀。

jìn yǔ
晋语

钱需要积累，
进而负债增加资本；
而驾驭资本的能力，
沉淀起来更为不易。
不学习不求知的人，
一辈子都不可能实现财务自由。

jìn yǔ
晋语

想实现财务自由，
投资是一门必修课。
早一日学习，
进入这个领域摸爬滚打，
获得经验，
才有可能早日实现心中所想。

jìn yǔ
晋语

投资，
宜早不宜晚。
早期的投资根本不叫投资，
是收获经验的过程。
这个过程取决于悟性，
时间或短或长。
有的人修习一生也不曾得道，
有的人修习一年便可得道。
从形成属于自己的投资体系的那一刻起，
才是投资真正的开始。

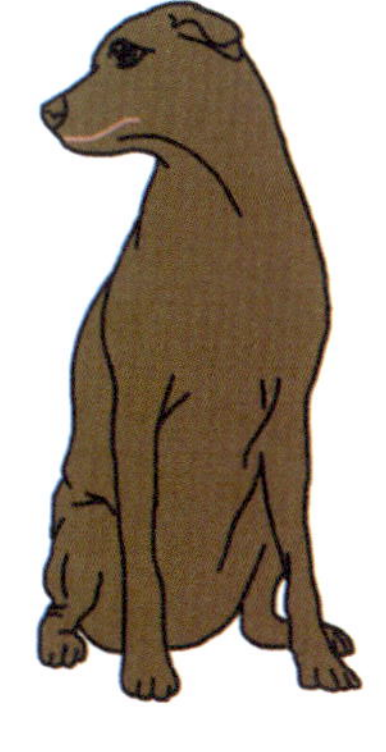

jìn yǔ

晋语

《大方广佛华严经》说，“心如工画师，能画诸世间”。

你不相信自己能考上好学校，

你就不会去报，

你就百分之百考不上；

你不相信自己可以找到更适合的伴侣，

以为离开对方就活不下去，

你就只能委曲求全；

你不相信自己可以找到更好的工作，

你就一边抱怨，一边在公司混吃等死；

你不相信自己可以当老板，

你百分之百不会去创业。

想都不敢想的人，

一开始就输了，

有梦就该去做，就该去追。

jìn yǔ
晋语

你不关心金融，
金融可没放过你。
2007 年，牛肉面 4 元 1 碗，
假如你在银行存了 10000 元，
相当于存了 2500 碗牛肉面。

可是，到了 2018 年，
1 碗牛肉面涨到了 10 元。
你在银行存的 10000 元，
连本带利是 13500 元左右，
牛肉面只剩下了 1350 碗。

请问，
你在银行存的那 1150 碗牛肉面去哪了？
你送给谁了？
别让不懂金融拉低了你的生活质量。
努力工作！

jìn yǔ
晋语

第一，努力工作，
别人工作50小时，
你就工作100小时。
第二，和自己尊敬的人一起工作，
向他们学习。
第三，不要人云亦云，
做事专注于重点。
第四，趁着年轻还不用承担责任时，
去冒险吧，
做自己想做的事。

jìn yǔ
晋语

有无财商的差别是什么？
经济、政策、环境都好时，
没有明显差距。

只有崎岖不平时，跨越财富之坑时，
才能看出人与人之间的差距。
有人被困住了，有人迈过去了。

填坑力，
就是你解决实际问题的能力，
就是你每次遇到坑都能迈过去的能力。
或许这就是个人的核心竞争力。

财商就是你填坑的能力！

jìn yǔ
晋语

贵州茅台，我已坚守10年。
日日月月年年都有恐高的人劝我卖掉，
隔三岔五让我推荐股票、理财产品，
咨询我怎么管理财富。
股票涨高了不敢买，
低了想再低点、再低点，
基金担心管得不好，
让他配置点美元资产，
他说他不熟悉。
当他熟悉的时候，
只能可怜巴巴地接盘房子。
你告诉他每个家庭的基础是安全，
需要保障，
他说他很安全。
无知的焦虑太可怕，我无言以对。
我继续坚守阵地，
他继续徘徊。

jìn yǔ
晋语

真正能让你变好的事，
比如早起、健身、读书，
刚开始或许很难，
但只要坚持下去，
你就会站上比大多数人更高的平台。
当自律变成一种习惯，
未来的你会感谢现在的自己。

jìn yǔ
晋语

投资买的是企业，
而不是市场风格的转换。

jìn yǔ

晋语

苹果创历史新高的启示：
苹果市值已达9000亿美元，
有望破1万亿美元，
大蓝筹轻易不言顶。
苹果虽然是真正的科技股，市盈率只有17.7倍，
不像A股科技股那么贵，
巴菲特买苹果并不是放弃价值投资。
对于真正优秀的上市公司，
即使市值已经涨了很多倍，
依然有机会。
苹果1000亿美元回购是短期股价上涨的诱因，
值得A股上市公司学习，
变或不变都是价值投资。

jìn yǔ
晋语

不求人生如初见，
但求久处不相厌。

jìn yǔ

晋语

生活不能等待别人来安排，
要自己去争取和奋斗，
不论其结果是喜是悲。
可以慰藉的是，
你总不枉在这世界上活了一场。
有了这样的认识，
你就会珍惜生活，
而不会玩世不恭。
同时，
也会给自身注入一种强大的内在力量。

jìn yǔ

晋语

我愿做一个不被改变的人，
一生为心爱之事奉上全部努力。
能坚守一亩三分心田，
保持对生活的热忱与敬畏，
仪式感常在，
善良也常在。

jìn yǔ
晋语

不管你学什么专业，
找工作一定要找个你喜欢的。
这样你每天早晨6点到晚上8点都是高兴的；
再找个喜欢的人在一起，
这样晚上8点到早晨6点就也是开心的。

jìn yǔ
晋语

愿你上半年所有的遗憾，
都是下半年惊喜的铺垫。

jìn yǔ
晋语

理财做不做，它都会慢慢普及。
无论你愿意不愿意，
通货膨胀都会吞噬你辛辛苦苦积累的财富。
有眼光的人选择理财赚钱，
而不只是攒钱。
让钱忙起来，
让人闲下来。

jìn yǔ
晋语

机会越少的时代，
一个机会就能改变一个人，
甚至一个家庭的命运。
当机会越来越多的时候，
机会本身也会面临竞争，
也就是所谓的“机会成本”。
当高考不再是衡量一个人成功失败的唯一标准，
这不是时代的悲哀，
而是时代的进步。

jìn yǔ

晋语

钱有两个用途，
一个叫投资，
一个叫消费。
投资和消费到底是什么关系呢？
让自己的财富越来越少的叫消费，
让自己的财富越来越多的叫投资。
穷人之所以穷，
是因为用辛辛苦苦赚来的钱去消费。
富人之所以富，
是因为用投资赚来的钱再去投资。

jìn yǔ

晋语

穷人的思维是，捂住自己的钱，怕它跑了。
富人的思维是，能投资的钱，怕它闲了。
如果你已经很有钱了，
还不懂得金融，
你的钱就会离开你。
如果你没有钱，
更应该学习金融理财知识，
投资是有钱人的最后一份职业。

jìn yǔ
晋语

没有准备的未来，
终究会如自己所担心的一样到来。
这就是人生，
机会只留给做好“准备”致富的人。

jìn yǔ
晋语

努力了的才叫梦想，
不努力的都是空想。
一直激励你坚持前行的，
应该是充满正能量的自己。

聪明的人，
背后不说闲话，
人前不说狂话，
遇事不说怨话。
没有用处的话，说多了，浪费时间；
恶意伤人的话，说多了，害人害己；
背后捣乱的话，说多了，众叛亲离。

人若锋芒太盛，往往会伤人无形。
再优秀的人，没有好品性，
最终众人也会远离，丢了人缘。
人活一世，抱怨一天，不如努力一天。
若你胸怀足够大，
可以装下生活中所有的酸甜苦辣；
若你眼界足够高，
可以看淡人生里所有的风吹雨打。

jìn yǔ

晋语

接到停水通知，
你会做什么？
答："提前洗澡，把家里脸盆、水桶全部装满水。"
问："这水一停就是很长时间，
甚至几十年，你怎么办？"
问："这是什么水，停那么久？"
答："薪水！"

受伤了就停、生病了就停、60岁就停，
你会提前做什么准备？
还是自己挖口井最可靠。
现在，你开始挖井了吗？

jìn yǔ
晋语

既然我们不得不来到这个世界上，
走这一遭，
活这一生，
那么就请把你的人生，
过成一个值得庆祝的人生。
如果这一场人生，
你没有觉得它值得庆祝，
那么其实在某种程度上，
你虚度了这来之不易的一生。

jìn yǔ
晋语

设定财富调节器，
20 多岁，投资自己，培养致富能力。
30 多岁，贷款投资要慎思。
40 多岁，资产结构调整需重视。
50 多岁，投资方向转移是重点。

jìn yǔ
晋语

很多人一提到理财，
观念中就会倾向于把钱交给
可带来丰厚回报的投资公司来管理。
但比投资更重要的，
是我们事先要养成一个
妥善管理自己资金的生活习惯。
也就是说，
预算的制定和执行本是理财的精髓。

jìn yǔ
晋语

投资是要在贵族里找王子。

jìn yǔ

晋语

了解自己，
比买什么理财产品都重要得多。
不要过度消费，
不要轻易负债，
珍惜我们现在拥有的现金流
（持续收入、被动收入）。
活得久，
比轰轰烈烈后的一场空更重要。

jìn　yǔ

晋语

生命中真正重要的不是你遭遇了什么，
而是你记住了哪些事，
又是如何铭记的。

jìn yǔ

晋语

路选对了就不怕路远。

jìn yǔ
晋语

一位印度老和尚对弟子小沙弥说：
“每个人身体里都有两只狼，
他们残酷地互相搏杀。
一只狼代表愤怒、嫉妒、骄傲、害怕和耻辱，
另一只狼代表温柔、善良、感恩、希望、微笑和爱。”
小沙弥着急地问：“师父，哪只狼更厉害？”
老和尚回答：“你喂食的那一只。”
你的心所朝的方向就是你未来人生的路。

jìn yǔ
晋语

新的开始，
你会重逢故人、结交新朋，
我会删繁就简、风轻云淡。
谁不是边走、边成长？
真正变化的，
并非距离，
不是容颜，
是内心的增减。

jìn yǔ
晋语

理财的根本是理自己，
当你满眼睛里看到的都只是钱，
那么你也收获不了太多财富。
理财不是有钱人的专属。
不会理自己、理生活的人，
也留不住财，
所以不会的就要学。

jìn yǔ

晋语

目标是清醒剂，
学习是加速器。
任何没有计划的学习，
都只是作秀而已。
任何没有走心的努力，
都只是看起来很努力。

jìn yǔ
晋语

每天奔跑5公里是基本，
人与人拼到最后，
拼的就是身体。
身体好，
就是一种实力。
你的身材，
就是你的阶层。

jìn yǔ

晋语

同样的平台，
同样的老师，
圆梦与心。
圆规为什么可以画圆？
因为脚在走，
心不变。
你为什么不能圆梦？
因为心不定，
脚不动。

jìn yǔ
晋语

当你把学习放在第一位的时候，
你就离达成目标不远了。
你不会的东西，
觉得难的东西，
一定不要躲，
先搞明白，而后精湛，
你就比别人优秀了。
因为大部分人都不舍得花力气去钻研，
自动被淘汰。
所以你执着的努力，
就占了大便宜。
结语口袋空空，
实际上是脑袋空空，
学习是最好的投资。

jìn yǔ
晋语

阳光心态要无条件自信，
即使在做错的时候。
不要想太多，
定时清除消极思想。
学会忘记痛苦，
为阳光记忆腾出空间。
敢于尝试，
敢于丢脸，
每天都是新的。
烦恼痛苦不过夜，
面对别人的优秀时，
要发自内心地赞美。

jìn yǔ
晋语

1802 年，三个美国人手里各有 1 美元。
他们各自做出了不同的投资决定。

一个人害怕风险，买了黄金作为一种保障。
一个人愿意冒一定风险，买了有风险但又不太大的债券。
一个人敢于冒险，买了风险较大的绩优股票，
希望获得较高的收益。
哪个人的收益表现更好呢？

斗转星移，沧海桑田。2006 年（即 204 年之后），
三份原始票据和实物被发现，
三位投资者的后裔成了这些财产的合法继承人。
但是，收益结果却有天壤之别：
1 美元的黄金此时价值为 32.84 美元；
1 美元的债券此时价值为 18,235 美元；
1 美元的股票此时价值为 1270 万美元。

这就是西格尔在《股市长线法宝》[1]一书里
告诉你的关于 1 美元的故事。
人生需要被设计，
财富需要被管理。

① 杰里米 J. 西格尔：《股市长线法宝》（原书第 5 版），马海涌，王凡一，魏光蕊译，机械工业出版社，2015 年。

jìn yǔ
晋语

投资的本质是：认知变现！
你永远赚不到
你认知之外的那部分钱。
每个人看到的世界都是不一样的，
每个人对同一投资机会的认知
也分不同的维度，
不同维度的认知
意味着各自完全不同的胜率，
选择并最终获取不同的结果。
所以，财富的增长
是知识和认知能力增长的一种体现方式。
成年人要了解学习不是知识的叠加，
而是认知和思维模型的改变。

jìn yǔ

晋语

当你倾力做一件事情不是为了赚钱，
而是因为热爱它、喜欢它，
并想用它来让更多的人受益，
那么物质自然会随之而来，
幸福更会与你如影随形。
财富管理，
我们做的从来不是一项交易，
而是传递爱与帮助。

jìn yǔ

晋语

你无法生活在过去，
因为不管你抓得多紧，
过去都已经过去了。

jìn yǔ
晋语

若将人生一分为二，
前半段叫作“不犹豫”。
后半段叫作“不后悔”。

jìn yǔ
晋语

真正的投资不是一时好感，
而是我知道遇到你不容易，
错过了会很可惜。
我的经验告诉我，
在任何一次的波动中，
都会有好的企业投资机会出现。
买个好的公司，
跟企业一起成长，
这个理念每个人都能学习，
重要的是你能不能坚持得住。

jìn yǔ

晋语

价值投资者必须具备：

远见性、洞察力、敢重仓、持续性

这四个重要品质。

从全世界来看，

投资是最容易出现亿万富翁的行业。

投资比的是洞察力，

比的是谁看得远、看得准、敢重仓、能坚持。

价值投资最核心的就是，

发掘杰出的企业，

以合理的价格投资，

并长期持有。

做真正的

价值投资者、践行者、传播者，

心、口、手如一。

jìn yǔ
晋语

正确用好投资方法：
第一，在估值低的时候入场；
第二，坚持定投；
第三，做资产配置，不要妄想“赌一把”；
第四，找个专业的人帮你打理资产；
第五，选择采用技术手段降低风险的基金。

jìn yǔ

晋语

今天你改变了吗?

一个人的能力是通过做事训练出来的，

一个人的思维是通过学习思考出来的。

想要提升能力，

就主动做事，

承担责任；

想要提升思维，

就主动学习，

积极思考。

jìn yǔ
晋语

我们总是羡慕富人有钱又有闲，
却从来没有思考过贫富差异的根源是什么。
其实，
当你做到知行合一，
富有是一个必然的结果。

jìn yǔ

晋语

投资身在市场，
你就得准备忍受痛苦。
冒险没有关系，
但当承担风险时，
不要赌上全部财产。
人之所以犯错误，
不是因为他们不懂，
而是因为他们自以为什么都懂。
一位真正优秀的投资者，
不在乎他是否永远是市场中的赢家，
而在乎他是否有勇气，
从每一次失败中站起来，
并且变得更加强大。

jìn yǔ
晋语

以天为单位看待收益的人，
相信的是奇迹和运气；
以年为单位瞄准收益的人，
相信的是天赋和能力；
以10年为单位思考财富的人，
相信的是常识和复利。
投资，
是复利游戏，
不是赌徒的运气。
很多事情，
不是从学识智商分野，
而是从格局开始的，
格局决定口袋。

jìn yǔ

晋语

股市又经历一轮暴跌后，

有人终于倒下了。

躺在病床上跟护士说：

“爱情没有了，

亲情没有了，

友情没有了，

钱也没有了，

是否我真的一无所有了？”

护士用饱含爱心的话语，深情地说：

“看你说的，你这不是还有病吗？”

jìn yǔ

晋语

在错误的道路上，
停下来也是进步。

jìn yǔ
晋语

要得到你喜欢的东西，
应先学会喜欢你已经拥有的东西。

jìn yǔ

晋语

世界是一本书，
不旅行的人只读了其中一页。
趁青春，
去旅行。

jìn yǔ
晋语

财商告诉孩子什么是重要的：

1. 旅行比上课重要。
2. 主见比顺从重要。
3. 兴趣比成绩重要。
4. 良知比对错重要。
5. 幸福比完美重要。
6. 信仰比崇拜重要。
7. 成长比输赢重要。
8. 察己比律人重要。

jìn yǔ
晋语

一个犹太人与儿子远行，
路上看到一块铁，
让儿子捡。
儿子懒得弯腰，
装没听见。
他自己捡，
路过城镇时换了1美元，
又用这钱买了18颗樱桃。
两人过荒野，
儿子又渴又饿。
他故意丢下1颗樱桃，
儿子慌忙捡起来吃，
他边走边丢，
儿子弯了18次腰。

投资计划，
都是从不起眼的小计划开始的。
不做小事，
就会在更小的事上折腾，
财富的管理需要每1分钱。

jìn yǔ
晋语

出门走好路，
出口说好话，
出手做好事。

jìn yǔ
晋语

像酒一样，
旧日的哀伤，
也会随着时光流逝愈加浓厚。

jìn yǔ
晋语

只要我们还有回忆，
昨日仍在。
只要我们还有希望，
明日尚待。

jìn yǔ

晋语

做一个决定，
并不难。
难的是付诸行动，
并且坚持到底。
财富是一个人的
思想、格局、情感和爱。
财富是一个人价值的体现，
金钱为谁工作，
决定了你的幸福指数。

jìn yǔ
晋语

路是走出来的，不是等出来的，
不应该在该奋斗的年纪去选择偷懒。
只有度过了一段连自己都被感动了的日子，
才会变成那个最好的自己。

jìn yǔ
晋语

圈子决定人生，
接近什么样的人，
就会走什么样的路。
所谓
物以类聚，
人以群分。
牌友只会催你打牌，
酒友只会催你干杯，
而靠谱的人却会感染你，
教你如何取得进步。

jìn yǔ
晋语

价值投资不等于长线投资。
对于垃圾公司而言，
越长线持有，
亏得越惨。

jìn yǔ
晋语

不是井里没有水，
而是挖得不够深。
不是成功来得慢，
而是努力不够狠。

jìn yǔ

晋语

心灵鸡汤会告诉你，
乌龟只要坚持不懈地努力
就可以跑赢兔子。
但是真正的智者会告诉你，
乌龟要跑赢兔子，
只能选择去水里比赛。
那些亿万级的世界富豪，
没有谁是靠傻傻地坚持取得成功的，
真正成就他们的，
是他们的财商思维与智慧。

jìn yǔ

晋语

最纯洁的关系是金钱关系，
最平等的关系是契约关系。

jìn yǔ
晋语

艰难的时光不会太久，
但坚强的人会走到最后。

jìn yǔ
晋语

在这个宇宙中，
只有一个角落你肯定可以改进，
那就是你自己。

jìn yǔ

晋语

"纸上得来终觉浅，绝知此事要躬行。"

1. "听讲"，两周后学习的内容只能留下5%。
2. 通过"阅读"的方式学习，保留10%。
3. 用"声音、图片"的方式学习，保留20%。
4. "示范"，保留30%。
5. "小组讨论"，保留50%。
6. "做中学"或"实际演练"，可以达到75%。
7. "教别人"或者"马上应用"，记住90%的内容。

jìn yǔ
晋语

财商高的买家是怎样的存在？

大爷买西红柿挑了3个到秤盘。

摊主称了一下："1斤半，3元7角。"

大爷："做汤不用那么多。"

去掉了最大的西红柿。

摊主："1斤2两，3元。"

正当我想提醒大爷注意秤时，

大爷从容地掏出了七角，

拿起刚刚去掉的那个大的西红柿，

扭头就走，

摊主当场无风凌乱。

思路决定出路。

jìn yǔ

晋语

十年炒股两茫茫，先亏车，后赔房。
千股跌停，无处话凄凉。
纵有涨停应不识，人跌傻，本赔光。
牛市幽梦难还乡，睡不着，吃不香。
望盘无言，唯有泪千行。
料得年年断肠处，熔断夜，大熊岗。

作者系当代著名诗人：白交易。
散户要远离股市，远离痛苦。

jìn yǔ
晋语

如果你不快乐，
那就出去走走，
世界很大，风景很美。
如果你不成长，
那就出去走走，
机会是走出来的。
如果你不上进，
那就出去走走，
颠沛流离后才觉得现在拥有的美好。
如果你的能力不能支撑你的梦想，
那你需要停下来跟随导师学习。
如果，
没有那么多如果，
你需要行动。

jìn yǔ
晋语

你连几点睡觉都控制不了，
你还想控制人生？
你的问题在于你什么都懂，
可你懒啊。
可以做不好，
但是不能光说不练。
可以做不好，
但是不能光答应不做。
成不成功，
就这么点儿差别。

jìn yǔ
晋语

愿我死掉的那一刻，
看到自己的画布上，
是幅看得过去的作品，
而不是残破不全，
一片荒芜。

jìn yǔ

晋语

爱人离开，
创业伙伴离开，
客户离开，
朋友离开，
那些离开了你的人，
不管当时是出于什么原因转身离去，
也许他曾彷徨过、
犹豫过、
挣扎不舍过，
但至少在他决定要走的那个瞬间，
他觉得没有你，
他会过得更好。
初心易得，
始终难守，
修好这颗心。

jìn yǔ
晋语

我很高兴遇见你，
遇见的都是天意，
拥有的都是幸运，
愿有人给你幸运的机会，
陪你走过成长、成熟、成功的全过程。
我们每个人，
在自己的一生中，
都会遇到一个对自己影响至深的人，
我们把与这个人相关的记忆，
收藏在生命的深处。
无论他是谁，
我们只知道，
他是我们生命旅程中一盏不灭的灯，
永远引领着我们前行。
相信财富管理的轨道上，
“晋语”是你必然遇到的，
那一丝缘分。

jìn yǔ
晋语

巴菲特说：
“我不会花一秒钟，
去改变任何一个人，
除非他自己一定要改变。”
很多人不改变，
总说他没有这个，等那个，
因为这个，因为那个。
其实，
你真正缺乏的就三个字：做决定。
记住，
不是你的能力
决定了你的命运，
而是你的决定
改变了你的命运。

jìn yǔ
晋语

无论你的月收入多少，记得分成6份。

第1份，用来做生活费。

第2份，用来交朋友，坚持一年，

你的朋友圈就会为你产生价值了。

第3份，用来感恩，

父母、爱人、老师，每月给他们送一份礼物。

第4份，用来学习，

每月买一本好书读。

第5份，用来投资，

培养自己的财富意识。

第6份，用来储蓄，

稳存保底。

jìn yǔ

晋语

自私和抱怨使心灵阴暗，

愉快的爱则使视野明朗开阔。

jìn yǔ
晋语

在你醒来的时候，
你要想着美好的事情即将发生，
这将会让你拥有非常棒的一天。

jìn yǔ

晋语

有时候，
标签能告诉我们一切。
但大多数时候，
标签只代表了一部分内容。
用一个或两个词来形容人，
可能会让事情更糟。
现实中的事，
不像我们贴标签那么简单。

jìn yǔ
晋语

你只有非常努力地去学习，
你才能对循规蹈矩的生活说不，
你才有过自己喜欢的生活的资本，
你才敢大胆地追梦。
在你打算过自己喜欢的生活之前，
必须很努力很努力，
这是你的资本。
其实，
最好的时光，
是今天。

jìn yǔ
晋语

因为梦想，
所以选择远方。
因为无所依靠，
所以必须坚强。

jìn yǔ

晋语

站在金字塔顶端来思考现在的经济情况，
你的屁股决定脑袋，
你的思考维度决定你的高度，
你的眼界决定你的宽度，
你永远无法赚到认知以外的财富。

jìn yǔ
晋语

别说世界抛弃了你，
世界根本没空搭理你。
只有迷过路，
才慢慢懂得方向感。

jìn yǔ

晋语

以便宜价格买入并持有好公司，
虽然涨得慢，
像乌龟，
但长期而言，
一定跑赢上蹿下跳的各种热点概念小白兔。

jìn yǔ
晋语

我们存在的方式有知识，
有姿势，
有心念，
有行动，
哪个重要？
都重要。

jìn yǔ
晋语

有的人25岁才刚毕业，
有的人40岁读研；
有的人25岁创业，
有的人40岁996；
有的人25岁结婚，
有的人40岁才生孩子。
上海天亮时，
乌鲁木齐还是深夜。
每个人的时间线都不一定相同，
没有一种人生是固定的标准，
过好自己的时间线，
珍惜当下，
就是精彩的人生。

jìn yǔ

晋语

当你白发苍苍，
垂垂老矣，
回首人生时，
你需要为自己做过的事感到自豪。
物质生活和你实现的占有欲，
都不会让你产生自豪感。
只有那些受你影响，
被你改变过的人和事，
才会让你产生自豪感。
生命太短，
我必须对我的事业倾注所有深情。
你来人世间唯一的目的，
就是找到自己并去改变世界、影响世界。

jìn yǔ
晋语

我经常见到一些并不聪明的人成功，
他们甚至也并不十分勤奋，
但是他们都是一些热爱学习的“学习机器”。
他们每天晚上睡觉的时候，
都比早上起床的时候，
稍微多了那么一点点智慧。
伙计，
如果你前面有很长的路要走的话，
这可是大有裨益的啊！

jìn yǔ
晋语

你多久没有读书了？
不读书的人，
思想就会停止。
读书是在别人思想的帮助下，
建立起自己的思想。

jìn yǔ

晋语

知道自己不能做什么，
远比知道自己能做什么重要。

jìn yǔ
晋语

生活就像过山车，
你可以在每次颠簸的时候尖叫，
你也可以高举双手享受整个过程。

jìn yǔ
晋语

投资中有三个本质的挑战：
第一要认识自己，
第二要看清企业，
第三要弄懂市场。
缺了第一条，
迟早要死在自己不擅长的地方。
缺了第二条，
将无法真正从经营角度看问题，
而只能无限趋向于投机。
缺了第三条，
容易犯僵化教条和思维极端化的毛病。
我认为看一个投资人的学识修养，
不是看其中任何一条多么出类拔萃，
而是看其能否将这三者融合在一起。
这其实也就是
一个投资人的自我修养的大方向和大原则。

jìn yǔ
晋语

贫穷的思维里，
写满了抱怨和算计。
富裕的思维里，
盛满了感恩和付出。
你的想法决定活法，
思路决定出路。

jìn yǔ
晋语

每天早上醒来，
看见阳光和你都在，
那就是我想要的未来。

jìn yǔ
晋语

名师指路，
贵人相助，
亲人支持，
小人刺激，
命运要你成长的时候，
总会安排一些
让你不顺心的人或事刺激你，
这是规律。

jìn yǔ
晋语

生活本身会带给你痛苦，
你的责任是创造快乐。
主动收入的路是你的基础，
被动收入的路是所有你想走的路，
是你的价值和梦想：
主动的路+被动的路=你的财富自由之路，
跟海陆空无关。

jìn yǔ
晋语

照片记录了我们在这个城市的瞬间，
这个世界永远比你想得更精彩。
不要败给生活，
趁你还有时间。
尽你最大的努力，
做成你最想做的那件事，
成为你最想成为的那种人，
过你最想过的那种生活。

jìn yǔ
晋语

小合作要放下自我，彼此尊重。
大合作要放下利益，彼此平衡。
一辈子的合作要放下性格，彼此成就。
一味索取，不懂付出；
或一味任性，不知让步；
到最后必然输得精光。
共同成长，才是生存之道。
工作如此，婚姻如此，
友谊如此，事业亦如此。

jìn yǔ

晋语

你羡慕别人月薪几万元，
却不知道他日日加班到深夜的辛苦。
你羡慕别人说走就走到处游玩的自由，
却不知道他为这份自由放弃的东西。
一切都有代价，
无论是财富、事业、爱情，还是自由。
别人永远是别人，
别处永远在别处，
等你走过去，
你现在身处的地方，
又会成为你的别处。
所以不必羡慕，
生活不在别处，在此处。

jìn yǔ

晋语

所有的努力，
都是能让自己有闲暇时间，安静下来读书。
因为所有的问题，
都是读书太少，
想得太多，
做得不够。
每天三省吾身，
修心，行愿，布施，精进。
一愿识尽世间好人，
二愿读尽世间好书，
三愿看尽世间好风水。

jìn yǔ
晋语

普通人看收益，
高手看价值，
领袖直接进入需求，
因为人在需求面前都是弱者。
普通人比努力，
高手懂选择，
领袖拼代价。
人生最大的残废就是想要，
但是不愿意为自己的选择付出代价。
从一开始你就要知道，
任何事都要付出代价。

jìn yǔ
晋语

不要为那些
不愿在你身上花费时间的人
而浪费你的时间。

jìn yǔ
晋语

我们单枪匹马闯入这世间，
只为活出属于自己的所有可能。
愿你这一生既有随处可栖的江湖，
也有追风逐梦的骁勇。

jìn yǔ

晋语

所有的种子
破土而出的时候
都不会去想，
遇到的是风雨，
还是阳光，
它只知道向上，
再向上，
最终开花结果。

jìn yǔ

晋语

有人问怎么辨别好公司，
那我们换个方式来思考好不好？
每个行业的老大、老二，你总该知道吧？
很多时候思路稍微换一下就海阔天空了。

jìn yǔ
晋语

真正点亮生命的不是明天的景色，
而是美好的希望。
我们怀着美好的希望，
勇敢地走着，
跌倒了再爬起来，
失败了就再努力，
永远相信明天会更好。
永远相信不管自己再平凡，
都会拥有属于自己的幸福，
这才是平凡人生中最灿烂的风景。

jìn yǔ
晋语

不管发生什么，
不管今天看起来多么糟糕，
生活都会继续，
明天会更好。

jìn yǔ
晋语

只要还有明天，
今天就永远是起跑线。

jìn yǔ

晋语

如果你不喜欢一些事，
就去改变吧。
如果你改变不了，
就调整你的态度吧。

jìn yǔ
晋语

虽然世界多苦难，
但是苦难总是能战胜的。

jìn yǔ
晋语

从100美元至400亿美元，是对巴菲特的误传，
实际上巴菲特的这100美元，
只是他成立合伙投资公司的出资，
仅仅是他所有财产中的一小部分。
巴菲特早在14岁时，
就已经靠课余的小本生意，
赚到了1000美元。
他成立第一个合伙投资公司是在1956年。
巴菲特26岁时，
已经有17.4万美元，
在老家租了月租金为175美元的房子。

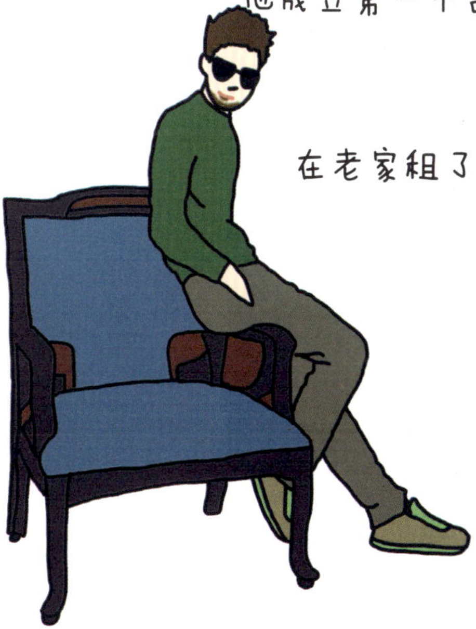

jìn yǔ
晋语

当你把信念、希望和爱放在一起，
你就能在一个消极的世界里，
培养出积极的孩子。

jìn yǔ
晋语

学习只能循序渐进，而不能跃进。

jìn yǔ

晋语

今年的A股，
每个月都是最凶险的月份。
看看今年的月线图，
除了1月，全都是泪。
盈利加仓，一把亏光。
亏钱死扛，一年白忙。
学习什么？
学习如何让自己放弃股市，
学习如何让专业的人帮助你，
认知市场，认识自己。
有金融知识，
有需求常识，
合理的资产配置，
才是财富稳定增长的王道。

jìn yǔ
晋语

穷人不要攒钱，
因为你怎么攒都是穷人。
穷人要攒机会，
要积累知识，
提升认知。

抓住一次机会
能解决三辈子的问题。
攒一辈子的钱
可能都干不了一件事。
勤奋+持续的学习，
是所有的基础。

jìn yǔ
晋语

人没吃饱，
只有一个烦恼。
人吃饱了，
就有无数烦恼。
人生最重要的从来不是拥有了多少，
而是你的心是否满足。
不属于自己的，别强求。
得不到的，就放下。
不盲目攀比，
不纠结，不逃避，
用最好的姿态，
去迎接崭新的明天。

jìn yǔ

晋语

重要的人，
不必解释，他也自然懂你。
不重要的人，
千言万语，他也未必放在心上。
漫漫长路，
你只管走自己的路，
管他闲言碎语，
无愧于心足以。
愿你，
感知生活，
逍遥洒脱。

jìn yǔ
晋语

所谓成功就是：
掌握一些简单的投资理念，
每天满怀热情地工作。

jìn yǔ

晋语

关于分散，我有两个观点。如果是职业投资者，对自己有信心，我建议高度集中。

对于其他普通人（优质资产），如果不懂投资，我建议高度分散（指数）。

适合自己才是最好的搭配，对于经验丰富的投资者肯定高度集中最佳，而对于经验不足的小白还是分散投资比较好，把网撒大点儿，不容易全部踏空。

jìn yǔ
晋语

没有谁是靠着做空自己的祖国而投资成功的。选择当下，选择中国最好的企业，跟随祖国共同成长，侠之大者，为国接盘。

jìn yǔ
晋语

一生能够积累多少财富，不取决于你能够赚多少钱，而取决于你如何投资理财。钱找人胜过人找钱，要懂得让钱为你工作，而不是你为钱工作，但是要记住利润和风险是成正比的，在最开始的时候，我们只能先投资唯一的资产：自己。

jìn yǔ

晋语

当你老了，人生最后悔的5件事：

1. 年轻的时候努力不够——92%；
2. 年轻的时候选错行业——73%；
3. 对子女教育不当——62%；
4. 没有好好珍惜家人——57%；
5. 没有善待自己的身体——45%。

最大的意外，

只有11%的人后悔没有赚到钱！

jìn yǔ
晋语

我们这一生，
会遇到很多人。

有的，只是擦肩的过客，
有的，走着走着没有原因也就散了，
相伴到最后的，才是真爱。

和经营一份事业一样，
你永远叫不醒一个装睡的人。
选择留下的人，
都拿到了自己想要的果。

你最大的问题是：
懒而不自知，
知而不能改，
改而不能恒！

jìn yǔ
晋语

第二次世界大战时期，波兰有一幢大楼被炸毁。英国保诚集团随即联系这些客户，包括客户的继承人。其中一位客户，保诚花了长达40多年的时间去寻找，最后终于找到了该客户的第四代继承人，并支付了赔付款。

因为这件事，波兰政府在2013年专门拍摄了电影《华沙1935》，以当时的摩天大厦——保诚大厦作为电影宣传海报，以此向坚持诚信的英国保诚集团致以崇高敬意。

jìn yǔ

晋语

新手，买保险看保费。
行家，买保险看保险责任。
不懂行的人，看哪家公司保费低。
懂行的人，看哪家公司偿付能力强。
专业最重要，理赔是王道，
廉价占领不了市场。
投保只是开始，理赔和服务才是归宿。

jìn yǔ
晋语

什么是最好的状态？

我认为是每天的成长和努力，可以感动自己。

jìn yǔ
晋语

人生需要设计，财富需要管理。谁笑到最后，谁最幸福。

如果明天忽然失去收入，你可以撑多久？如果打算生孩子，你知道养一个孩子要多少钱吗？如果忽然发生意外，你能支付医疗费用吗？从现在干到退休，你积累的资产可以维持多少年的生活？这些你都从没认真考虑过？既不知道自己的财务状况，也没明确目标，整天为工资疲于奔命，然后又以压力大为由犒赏自己，不停买买买。

中年危机的本质其实是人到40多岁的时候，工作能力开始下降，这时理财收入理应开始上升，可很多人没有好好理财，或开始得太晚，导致理财收入跟不上，于是为自己的余生开始发愁，就此陷入了危机。

jìn yǔ
晋语

世上的诱惑这么多，
我只管我的专注。

jìn yǔ

晋语

只有优秀的人，

才能得到有用的社交！

jìn yǔ
晋语

时间决定你会在生命中遇见谁，
你的心决定想要谁出现在你的生命里，
而你的行为，
决定最后谁能留下。

jìn yǔ
晋语

顾客可能会拒绝你的产品和服务，
但永远不会拒绝有人真心对他好。

jìn yǔ

晋语

人，一辈子有五次改变命运的机会。

一次是含着金钥匙出生；

一次是读个好学校找个好工作；

一次是通过婚姻来改变；

一次是跟一个好老师；

如果以上四次机会你都没有了，那你还有一次唯一的机会，那就是靠自己。

jìn yǔ
晋语

财商学的是知识，
培养的是习惯，
“是习惯的力量”，
没有了良好的投资习惯，
一切财富将离我们远去。

jìn yǔ
晋语

无论你去那里，
你总是会遇见你自己。

No matter where you go,
you will always meet yourself.

jìn yǔ

晋语

美国100年各类资产收益：

1. 黄金20倍（年复利3%），
2. 房产80倍（年复利4.5%），
3. 债券300倍（年复利5.8%），
4. 股票13000倍（分红再投，年复利10%），
5. 优秀的投资者117万倍（年复利15%），
6. 大师级8000万倍（年复利20%）。

jìn yǔ
晋语

我的投资生意经，
要么第一，
要么唯一。

jìn yǔ

晋语

投资的三大遗憾：
不会选择，
不坚持选择，
不断地选择。

jìn yǔ
晋语

你必须模仿富人，你才能成为富人。
你模仿穷人，你就成为穷人。

jìn yǔ

晋语

财富有两种方式：
其一为财富转移，你失去的就是他得到的；
其二为财富创造，一家企业通过科技和努力创造财富，增加价值。
价值投资喜欢后者，
趋势投资喜欢前者。

jìn yǔ

晋语

丰子恺说：

“追赶不上的不追，
不属于自己的不要，
挽留不住的不留，
生活哪有那么复杂，
简单甚好。”
生活亦是愿者上钩。

jìn yǔ

晋语

看过的书，
走过的路，
经过的事，
阅过的人，
从来不会白费。
随着时间的发酵，
都将成为滋养你生命的肥料。

jìn yǔ
晋语

嘴角上扬，
眼中有光，
心中有爱，
手中有力量。

jìn yǔ

晋语

金钱没有固定的主人。

jìn yǔ
晋语

人生最大的风险是自身看不见的风险。

jìn yǔ
晋语

养出感恩的孩子，是一个家庭最大的幸福。

jìn yǔ
晋语

选择比努力重要得多，
努力的人太多了，
成功的人太少，
是因为懂得选择的人太少。

jìn yǔ
晋语

是什么决定选择能力呢？是价值观决定选择。
所以我更愿意把精力投资在培养身边人的价值观上，
专业能力上我讲得反而比较少。
先做对的事情，然后把事情做对。
先学为什么要规划，掌握点基础逻辑。
我做财商教育，
也是希望能教育穷困的孩子如何学做人。

jìn yǔ

晋语

茶的世界，
没有想象的那么高不可攀，
它很温暖，很接地气，
和下厨做饭一样，
厨房做的是美食，
茶席上泡的是可口茶汤。
好茶待幽客。

jìn yǔ

晋语

如果你的认知和市场同步，
理论上你很难挣钱。

jìn yǔ
晋语

有钱人的生活，是你想象的那么快乐吗？
不！他们的快乐是你想象不到的。

jìn yǔ

晋语

勤奋和努力是唯一捷径，
打磨心智，实现能力跃迁。

jìn yǔ

晋语

生命的质量不在于你活了多久，而是那些令人怦然心动的精彩瞬间。

Life is not measured by the number of breaths we take, but by the moments that take our breath away.

jìn yǔ
晋语

做完一件事容易，做好一件事却很难。
需要学的还有很多，需要走的路还很长。

jìn yǔ

晋语

只有一块手表，可以知道时间；拥有两块或者两块以上的手表并不能告诉一个人更准确的时间，反而会制造混乱，会让看表的人失去对准确时间的信心。这就是著名的手表定律。

深层含义在于：每个人都不能同时挑选两种不同的行为准则或者价值观念，否则他的工作和生活必将陷入混乱。一个企业如果有两套系统，设定两个不同的目标，员工就会无所适从，必然会影响企业的发展。

jìn yǔ
晋语

在一段关系里面，
其实最重要的不是外貌，
也不是面包，
甚至不是忠诚与否，
而是分享。

jìn yǔ
晋语

每个人都是月亮，
总有一个阴暗面，
从来不让人看见，
正面越亮，
背面越暗，
自古皆然。

jìn yǔ

晋语

诺不轻信，故人不负我。
诺不轻许，故我不负人。
等不到的人就不要等了，
挤不进去的世界就不要硬撑了。
生活得最有意义的人，
并非最长寿的那一个，
而是对生活最有感受的人。

jìn yǔ
晋语

问题里最重要的就是沟通，
对于矛盾点没有及时解决，
就像滚雪球越滚越大，
距离也就越来越远，
如果对方不愿意沟通，
关系便会越来越危险、脆弱，
达到了临界点便会爆发。

jìn yǔ

晋语

你一生中大部分的精力，
应该只放在一件事情上，
把这一件事情做到了极致，
胜过你把一万件事做得平庸。
画三个圆，
你喜欢的，
你擅长的，
在市场能赚钱的，
这三者的交汇处，
就是你的未来方向。
将一件事做到“极致”的能力，
是我们追赶梦想的必修课。

jìn yǔ

晋语

说到资本金的永久性损失，
我们从来没有发生过。
尽管我们曾经有过一些亏损，
但没有任何一次亏损是那种真正的资本金损失。
我总是首先关注任何投资失败的可能性。

jìn yǔ
晋语

很多人比我智商更高，
很多人也比我工作时间更长、更努力，
但我做事更加理性。
你必须能够控制自己，
不要让情感左右你的理智。

jìn yǔ
晋语

我们每个人的心里，都藏着一个了不起的自己。
只要不颓废，不消极，
一直悄悄酝酿着乐观，
培养着豁达，
坚持着善良，
始终朝着梦想前行，
就没有到达不了的远方。
心若向阳，便无畏悲伤。
美好的一天从“积极和乐观”开始！

jìn yǔ
晋语

巴菲特年龄与财富的变化图告诉我们：
投资这个行业越老越赚钱。

jìn yǔ
晋语

巴菲特从1982年以来，让我们看到了财富向头部人群集中。

假设我们都回到1800年，大家在农场工作。可能你要比我值钱，因为你比我年轻、强壮。那时候可能农场最好的工人价值是普通工人的1.5倍。

但是今天不同了，因为所有的东西变得完全专业化。我们看打架，全世界最能打架的人，打一架可以得到3000万美元，因为有人发明了网络。

当专业分工开始后，有钱人会变得越来越有钱。

jìn yǔ
晋语

投资的智慧，是向智慧投资。
财富管理是我一辈子最后的职业，
也是每一个人一辈子的必修课。

jìn yǔ

晋语

财富管理是一项关于“选择”和“决策”的技能。
懂财富管理，
不仅可以获得财务上的回报，
更重要的是，
能够让你在生活中更好地做选择。

jìn yǔ
晋语

你学到的东西，或许不会立刻带给你直接的财富；
但是，它会转化成你的思维，
放大你的格局，会和你融为一体；
今天你多了一项技能，
多懂了一个道理，
就多了一分直面这个世界的底气。

jìn yǔ

晋语

做财富管理，生命能量要强，要保持好的体格和精力。我每天做150个俯卧撑，一周跑三次步，每次跑5~10公里。

我每次做判断之前都会去长跑，或者去爬山，其实就是把自己“清空”，财富管理首先要管好自己。

jìn yǔ

晋语

每一个今天，都是你曾经幻想的明天，时光是最公平的，你若不相信努力和时光，时光一定第一个辜负你。

有梦想就立刻行动，因为现在过的每一天，都是余生中最年轻的一天。

jìn yǔ
晋语

时间嫌贫爱富，
让懒散失败的人更懒散，
让成功努力的人更成功。

jìn yǔ
晋语

天下熙熙，皆为利来；
天下攘攘，皆为利往。
越是优秀的人越是努力，
越是富有的人越勤奋，
越是智慧的人越谦卑学习！

jìn yǔ
晋语

许多人过不惯一个人的生活，
害怕孤独，
总是渴求从别人那儿获得安慰、关怀和陪伴。

jìn yǔ
晋语

一个人真正的成长是从乐于独处开始的。
给人金钱总有花光的一天，
给人物质总有用完的一天，
只有给人思维，才能长久。

jìn yǔ

晋语

金钱会留在懂得保护它的人身边，
重视时间报酬，耐心谨慎地维护自己的财富，
让它持续增值。

jìn yǔ

晋语

这个知识爆炸的时代，或许我们还可以靠知识抵抗焦虑，为自己赋值，避免“优胜劣汰”的危机。

终生学习，终生进步。相信那些我们曾看过的书、走过的路、见过的人，终将会在未来的日子里成为我们的福报，指引我们前行。

关注【马晋掘金频道】

关注【马阿怪】

健康 | 快乐 | 财富 | 自由

我们做的从来不是一项交易，
而是传递爱与帮助。